Inhalt

E-Business - ja!? Kann die nächste Generation von Chipkarten den Stolperstein "Transaktionen" beseitigen?

Kernthesen

Beitrag

Fallbeispiele

Weiterführende Literatur

Impressum

E-Business - ja!? Kann die nächste Generation von Chipkarten den Stolperstein "Transaktionen" beseitigen?

M.Westphal

Kernthesen

- Die Bedeutung von E-Business nimmt zu, die monetäre Seite der Transaktionen steckt aber noch in den Kinderschuhen
- Die zunehmende Vermarktung von paid-content im Internet benötigt zur reibungslosen Abwicklung Online-

Zahlungssysteme. Die Bedeutung von Micro-Payment wird daher deutlich steigen
- Die Einführung fälschungssicherer Applikations-Tools wie Geldkarten können die Systemkosten der Finanzwirtschaft optimieren und durch neue Anwendungen zu einer verstärkten Nutzung und steigenden Erträgen der Karten führen
- Die digitale PC-Signatur gilt als Schlüssel zum E-Business

Beitrag

Die Bedeutung von E-Business nimmt zu, die monetäre Seite der Transaktionen steckt aber noch in den Kinderschuhen

Cybercash, Firstgate, T-Pay, Click&Buy, Iclear, Pago, Paybox. Moneybookers, Allpay (von Brunet), Handypay, PayPal ist nur eine kleine Anzahl der Produkte und Anbieter, die sich im lukrativen Bereich des E-Payments ansiedeln bzw. angesiedelt haben. Viele Namen, von denen einige schon gar nicht mehr existieren.

Grund für die steigende Anzahl von Lösungen, die sich mit dem Problem der monetären Transaktionen im Bereich von E-Business beschäftigen, ist die deutliche Zunahme von Geschäftsverkehr, der über das Internet oder ähnliche Kanäle wie Mobiltelefone abgewickelt wird. Hierzu werden Applikationen gesucht, die den Zahlungsverkehr sicher und für alle Seiten komfortabel abbilden, aber auch Möglichkeiten bieten, die Abrechnung kleiner Beträge (Micro-Payment) z. B. für den Download von Klingeltönen auf das Handy kosteneffizient abzuwickeln.

Die hohe Anzahl von E-Payment-Systemen verhindert die kritische Masse an Kunden und Abwicklungen, die benötigt wird, um einen Service erfolgreich durchzusetzen. Die mangelnde Transparenz vieler Systeme, die teilweise aufwändige Bedienung insbesondere für den kaufenden Nutzer sowie die Gefahr, dass einzelne Dienste wieder verschwinden und damit auch die Investitionen der Händler komplett abgeschrieben werden können, verhindern eine flächendeckende Verbreitung dieser innovativen Bezahlsysteme.

Wesentliche Voraussetzungen für einen erfolgreichen Web-Shop oder E-Business sind ein attraktives Sortiment, eine einfach zu navigierende Oberfläche, wie als Kernprozesse eine gute Logistik sowie ebenso komfortable wie auch sichere Zahlungsmöglichkeiten.

Aber die Anonymität des Internets ist eben auch ein Schlupfloch für unseriöse Händler und ebensolche Verbraucher. Um die größten Risiken für Anbieter- wie auch Nachfrageseite auszuschalten, sind in den vergangenen Jahren diverse E-Payment-Systeme unterschiedlicher Anbieter auf den Markt gekommen. Dass viele dieser Systeme auch schon wieder nicht mehr auf dem Markt sind, hat unterschiedliche Gründe. Bis heute werden von Verbraucherseite Systeme nicht akzeptiert, die Anmeldeprozeduren oder Zertifikate erfordern. Bis heute scheitern aber auch sämtliche Systeme, die zusätzliche Peripherie wie Karten-Leser oder PIN-Pads verlangen. Ein wesentlicher Grund dafür mag darin begründet sein, dass ein Großteil der Einkäufe im Internet während der Arbeitszeit erfolgt. Und wer möchte sich schon am Arbeitsplatz bei der Installation von Kartenlesegeräten oder ähnlicher Sicherheitsperipherie erwischen lassen?
Ebenso sind Lösungen gescheitert, die weit entfernt von ausgereifter Software waren und damit der Sensibilität eines Zahlungsvorgangs nicht gerecht wurden. (1)

Die modernen E-Payment-Systeme passen darüber hinaus häufig nicht ausreichend in die Geschäftsabläufe von insbesondere kleineren und mittleren Händlern. Da der Verkauf via Web für die meisten Händler nur einen zusätzlichen

Vertriebskanal darstellt, stellt sich aus Effizienzsicht die Frage, ob es Sinn macht, eine neue Abrechnungsvariante einzuführen, die nur zusätzliche Kosten verursacht.
Neben den klassischen Bezahlverfahren hat sich aufgrund ihrer weltweiten Akzeptanz nur noch die Kreditkarte etabliert. Gerade für Händler mit hohem Exportanteil wie z. B. Bücher-Antiquariate stellt die Bezahlung per Plastikgeld eine sinnvolle Alternative dar. (2)

Um die Kosten im Griff zu behalten, ist es insbesondere wichtig, auch die säumigen Zahler z. B. durch das Medium E-Mail mit automatisierten Abrechnungs- und Mahnsystemen zu kontrollieren, um die Kosten pro Bezahlvorgang senken zu können. (2)

Im Falle der Nutzung von Überweisungen oder Kreditkarten bieten sich darüber hinaus elektronische Plausibilitätschecks aus einer Zusammenarbeit mit Kreditinstituten an, um falsche Angaben bereits vor Kaufabwicklung zu erkennen und ggf. zu korrigieren. Außerdem bietet sich inzwischen auch die Nutzung von "Treuhänder"-Verfahren über unabhängigge Dritte an, bei denen Käufer und Verkäufer ihre Bestellung, Bezahldetails und Lieferung online freigeben müssen. (2)

Die aktuelle Marktbereinigung bei E-Payment-Systemen zeigt, dass ein System nur dann erfolgreich sein kann, wenn es den Sicherheitsbedürfnissen und Ansprüchen beider Seiten Händler wie Verbraucher gerecht wird. Darüber hinaus sollte der Kernprozess des Geldtransfers nur Unternehmen anvertraut werden, die schon einige Jahre Erfahrung im Umgang mit sensiblen Zahlungsströmen haben. (1)

Die Einführung fälschungssicherer Applikations-Tools wie Geldkarten können die Systemkosten der Finanzwirtschaft optimieren

Mit einer Verbreitung von rund 70 Millionen Exemplaren ist die Bankkarte das prädestinierte Medium für einen Massen-Rollout von neuen Anwendungen. Allerdings muss neben der Berücksichtigung der "kritischen Masse" auch die Entwicklung geeigneter Geschäftsmodelle forciert werden, die mittelfristig zu einem Return On Investment für die im Bereich der Kartenausgabe und Terminalaufrüstung zu erbringenden Vorleistungen führen.

Schon die bisherigen Chips für Bezahlkarten verfügen über etablierte Anwendungen wie nationale und internationale Bezahlfunktionen, electronic cash online und offline, die GeldKarte sowie Zusatzanwendungen wie Marktplatz und Fahrschein. Die Karten der neuen Generation, die auf dem SECCOS-System (Secure Chip Card Operating System) basieren ermöglichen weitere zukunftsträchtige Anwendungen wie EMV, TAN-Generator, oder die digitale Signatur.

Die mit SECCOS erfolgreich verfolgte Plattformstrategie, ermöglicht den Kreditinstituten vielfältige produktpolitische Freiheiten mit gleichzeitiger Realisierung von Economies of Scale aufgrund der Nutzung einer einheitlichen technischen Plattform. Produktpolitische Funktionalitäten können die Unterstützung von City-Cards, Mitarbeiterausweisen, Gesundheitskarte, Parkkarten (auch mit oder gegen Bonuspunkte), Kundenbindungsprogrammen, elektronischen Fahrscheinen, digitale Signatur, die Speicherung soziodemographischer Daten für Altersverifikation für zukünftige Generationen der Tabakautomaten oder die Absicherung von Homebanking-Transaktionen sein. Ebenso kann sich das jeweilige Institut in Abhängigkeit von Features wie "Authentifikationsmedium im Internet" entscheiden, inwieweit dem Nutzer persönliche Kartenleser und Kunden-Software-Produkte angeboten werden. (3)

EMV ist hierbei ein neuer gemeinsamer Sicherheitsstandard für Chipkarten, der von Europay, MasterCard und Visa entwickelt wurde, um den gestiegenen Kartenmissbrauch in den Griff zu bekommen, gegen den der herkömmliche Magnetstreifen nicht ausreichend gesichert ist. Sämtliche Geldautomaten, Terminals und Karten, die grenzüberschreitende Transaktionen erlauben, sollen ab dem 01.01.2005 EMV-fähig sein. In den europäischen Nachbarländern ist die Migration bereits großenteils abgeschlossen, in Deutschland dagegen muss die Umstellung noch forciert werden. Ab dem Januar 2005 wird dann nämlich auch die Haftungsumkehr greifen, die solche Händler, die ihre Terminals nicht EMV-fähig gemacht haben, für entstandenen Schaden durch Missbrauch haftbar machen, sofern die Schäden durch EMV zu verhindern gewesen wären. Für Debitkarten gilt die Haftungsumkehr dann weltweit, für Kreditkarten nur innerhalb Europas.
Während der Echtheits-Checks wird bei jeder Transaktion ein neues Kryptogramm erstellt. Kartenduplikate, die auf aufgezeichneten Transaktionsdaten basieren, können dann am Terminal erkannt und abgewiesen werden.
Die neue Chipgeneration leistet darüber hinaus eine

deutlich erhöhte Verarbeitungsgeschwindigkeit, was neue und hochwertig komplexe Anwendungen ermöglicht. Außerdem dürfte das zu einer Erhöhung der Akzeptanzstellen insbesondere bei Discountern, die die Verarbeitungsgeschwindigkeit der Magnetstreifen für zu langsam halten, von ec-cash führen.

Die weiterhin jetzt mögliche Aufnahme von digitalen Signaturen im Chip kann sichere Kommunikation im Internet gewährleisten, was Anwendungsfälle wie verschlüsselte und digital signierte E-Mails und Steuererklärungen aber auch den online-Abruf von Rentenauskünften ermöglicht.

Der TAN-Generator kann mittelfristig die papiergebundene TAN-Liste ablösen und somit Kosten sparen helfen. Für die gesamte Sparkassen-Finanzgruppe z. B. wird mit der Einsparung eines mehrstelligen Millionenbetrages gerechnet. (4)

Die digitale PC-Signatur gilt als Schlüssel zum E-Business

Als Schlüssel zum E-Business wird die digitale Signatur angesehen. Allerdings kämpfen die beteiligten Parteien hierbei immer noch mit signifikanten Einstiegshürden. Zum einen werden die Signaturkarten bisher kaum gekauft, weil es kaum

Anwendungsmöglichkeiten gibt, zum anderen investieren aber auch die Unternehmer kaum in signaturtaugliche E-Commerce-Anwendungen, weil so wenig Karten im Umlauf sind.

Zwar ist vor einigen Monaten das sogenannte Signaturbündnis als Private-Public-Partnership aus Vertretern der Kreditwirtschaft und Anwendern aus Industrie und Behörden zusammen mit der Bundesregierung gegründet worden, um die gesamte Verfahrens-Wertschöpfungskette zu vereinfachen und zu standardisieren. Ziel ist es, sich darüber zu einigen, wie Chipkarten-Technologie eingesetzt werden soll, wie Transaktionen im Web EU-weit rechtlich einheitlich wasserdicht gehandhabt werden können und wie vorhandene Infrastrukturen sowie Technologien vernünftig eingebunden werden können. Aber wesentliche Probleme bestehen insbesondere noch auf rechtlicher Ebene im Rahmen des Signaturgesetzes, welches regelt, wie sich ein Signaturkarteninhaber ausweisen muss. Zwar dürfen online schon Aktien geordert werden, aber Signaturkarten können beispielsweise nicht online freigeschaltet werden. (5)

Außerdem sind digitale Zertifikate aufgrund der geltenden Signaturverordnung nur fünf Jahre lang gültig, danach erlischt die Rechtskraft der Unterschrift. Für viele Geschäftsvorfälle wird aber eine Aufbewahrungsfrist von mehr als fünf Jahren vorgeschrieben, diese würden im Falle von elektronischen Signaturen aber nach Ablauf von fünf Jahren juristisch gesehen keine Unterschrift mehr tragen.

Fallbeispiele

Das Unternehmen vorlagen.de vertreibt digitale Vertragsentwürfe und Standard-Geschäftsbriefe, die Kunden gegen Bezahlung aus dem Netz herunterziehen können. Aufgrund der Besonderheit dieses Geschäftsmodells bot sich nur die Bezahlung über E-Payment-Systeme an. Um aber den Wünschen der Kunden nach flexiblen Bezahlmöglichkeiten gerecht zu werden, musste eine Reihe von Systemen installiert werden, da die Vereinheitlichung und Kompatibilität der Verfahren im Netz noch zu wünschen übrig lässt. (2)

Die Stadtsparkasse München sowie der Deutsche Sparkassen Verlag (DSV) sind auf dem Weg zum E-Payment einen großen Schritt weitergekommen. So wird der ab 2005 durch MasterCard vorgeschriebene Chip-Standard für Maestro-Karten von der Stadtsparkasse München als erstem Institut der Sparkassen-Finanzgruppe seit Juli erfüllt. Seitdem bietet der DSV alle SparkassenCards mit dem neuen Secure Chip Card Operating System (SECCOS) und der Europay-MasterCard-Visa (EMV)-Anwendung an. Somit entsprechen diese Karten den neuesten Sicherheitsstandards und schützen langfristig vor Fälschung und Kartenduplikaten. (4)

Die DSV-Tocher Anthros wickelt technisch alle Zahlungen ab, ob im Internet oder an Tageskassen, bei denen Besucher von Veranstaltungen wie der CeBIT, Hannover Messe, IGA in Rostock, oder EXPO 2000, bargeldlos zahlen. Anthros kennt in diesem Zusammenhang aufgrund mehrjähriger Erfahrung im Veranstaltungsbereich die spezifischen Anforderungen der Organisatoren. Nicht nur ausländische Gäste sollen bargeldlos bezahlen können und Störungen schnellstens behoben werden, sondern alle Kassen- und Einlasssysteme müssen auch während der hoch frequentierten Besuchszeiten große Transaktionsvolumen in reibungsloser Zusammenarbeit meistern.
Auch bei der Kieler Woche, zu der 5.500 Segler aus 44 Nationen kommen, müssen diese in der Meldedatenbank erfasst und ihr Startergeld rechtzeitig abgebucht werden. Inzwischen nutzen immerhin schon die Hälfte der Teilnehmer die Online-Registrierung. (6)

Weiterführende Literatur

(1) Ein E-Payment-System muss beiden Seiten gerecht werden Mehr Schutz vor Zahlungsausfällen
aus Die SparkassenZeitung, 10.10.2003, Nr. 41, S. B17

(2) Online kassieren - aber sicher E-Payment-Systeme haben es in der Gunst der Online-Händler noch schwer. Woran es hapert, was Unternehmer bevorzugen.
aus Impulse vom 01.09.2003, Seite 84

(3) Multifunktion: mit Seccos zu neuen Geschäftsfeldern
aus cards Nr. 04 vom 01.11.2003 Seite 040

(4) EMV und SECCOS-Chip bieten mehr Sicherheit auch für attraktive Zusatzanwendungen
aus Betriebswirtschaftliche Blätter, Oktober 2003, Nr. 10, S. 488

(5) Digital unterschreiben Im impulse-Interview: Deutsche-Bank-Vorstand Hermann-Josef Lamberti verrät, wie die elektronische Signatur jetzt endlich in Fahrt kommen soll.
aus Impulse vom 01.10.2003, Seite 86

(6) Bargeldloses Zahlen auf Großveranstaltungen Die große Zahl Kunden schnell und störungsfrei bedienen
aus Die SparkassenZeitung, 26.09.2003, Nr. 39, S. B4

Impressum

E-Business - ja!? Kann die nächste Generation von Chipkarten den Stolperstein "Transaktionen" beseitigen?

Bibliografische Information der deutschen Nationalbibliothek

Die Deutsche Nationalbibliothek verzeichnet diese Publikation in der deutschen Nationalbibliografie; detaillierte bibliografische Daten sind im Internet über http://dnb.d-nb.de abrufbar.

ISBN: 978-3-7379-0287-8

© 2015 GBI-Genios Deutsche Wirtschaftsdatenbank GmbH, Freischützstraße 96, 81927 München, www.genios.de

Alle Rechte vorbehalten. Dieses Werk ist einschließlich aller seiner Teile – z.B. Texte, Tabellen und Grafiken - urheberrechtlich geschützt. Jede Verwertung außerhalb der Grenzen des Urheberrechtsgesetzes bedarf der vorherigen Zustimmung des Verlags. Dies gilt insbesondere auch für auszugsweise Nachdrucke, fotomechanische Vervielfältigungen (Fotokopie/Mikroskopie), Übersetzungen, Auswertungen durch Datenbanken oder ähnliche Einrichtungen und die Einspeicherung und Verarbeitung in elektronischen Systemen.